Omas Gute-Nacht-Geschichten

Mechthild Werner

Mechthild Werner

Omas Gute-Nacht-Geschichten

Kleine Geschichten für kleine Leute

DeBehr

Herausgeber: Verlag DeBehr, Radeberg
ISBN: 978-3941758704
Erstauflage: 2010

Inhaltsverzeichnis

Lars und der rote Ball

„Mami, wo ist mein roter Ball?“, fragt Lars ganz aufgeregt.
„Sicher in der Spielkiste“, antwortet die Mama und rührt weiter in der Suppe.
„Nein, da ist nur der gelbe, und den will ich aber nicht“, protestiert Lars lautstark.
„Ja, dann musst du eben suchen, was sonst!“
„Das kann ich aber nicht alleine“, und während er spricht, schaut er die Mama bittend an.
Sie kann nicht widerstehen und legt den Rührlöffel beiseite:
„Na gut, dann helfe ich dir!“
Und schon liegen beide auf dem Bauch und suchen unter allen Schränken, unter der Couch, in allen Ecken, es leuchtet nichts Rotes auf.
„Vielleicht liegt er oben in deinem Zimmer?“
„Ich will aber jetzt nicht nach oben gehen!“
„Dann gehst du am besten in den Garten auf die Wiese und fährst eine Runde Bobby-Car!“
Da Lars dieses Gefährt gerne mag, zieht er von dannen und holt es aus der „Garage“ unter dem Apfelbäumchen. Er startet, doch auf einmal stutzt er, steigt ab und geht etwas näher an einen Strauch heran und kann es nicht fassen:
Unter dem dichten Unterholz leuchtet es rot.
Allerdings hat die rote Fläche viele bewegliche schwarze Punkte, die wie ziellos hin und her und her

und hin laufen. Lars ist zwar nicht ängstlich, aber an dieses unheimliche Gewimmel traut er sich nicht heran.

„Mama, komm mal schnell, unter dem Strauch, da liegt mein Ball, aber der hat ganz viele schwarze bewegliche Punkte bekommen. Ist er jetzt krank?"
Die Mama kommt und lacht über Lars Einfall. Tatsächlich liegt Lars roter Ball dort, aber er liegt genau auf einem Ameisenhaufen. Nun rennen die kleinen Tiere wild umher, klettern auf den Ball und wieder herunter und suchen nach neuen Wegen in ihrem Bau.
„Das sieht ja lustig aus", sagt Lars, „fressen die jetzt meinen Ball auf?"
„Aber nein, dazu sind Ameisen nicht kräftig und groß genug."
Dann holt die Mama den Ball unter dem Strauch hervor und zeigt Lars die wenigen Ameisen, die sich nicht abschütteln ließen. Lars hält Abstand und fragt verunsichert:
„Und die tun mir nichts? Das sind doch so viele!" -
„Lass sie einfach in Ruhe!", beruhigt ihn die Mama, „dann passiert nichts, und wenn dir einmal eine über die Hand krabbeln sollte, dann kitzelt das vielleicht ein bisschen."
Abends redet Lars immer noch von seinem roten Ball im Ameisenhaufen. Sogar während die Mama ihm

eine Gute-Nacht-Geschichte vorliest, fragt er immer wieder:
„Und bis in mein Bett kommen die nicht, Mama?“ -
„Du kannst beruhigt schlafen, alle Türen und Fenster sind geschlossen, und außerdem leben Ameisen viel lieber draußen in der Natur als in deinem warmen Bett!“

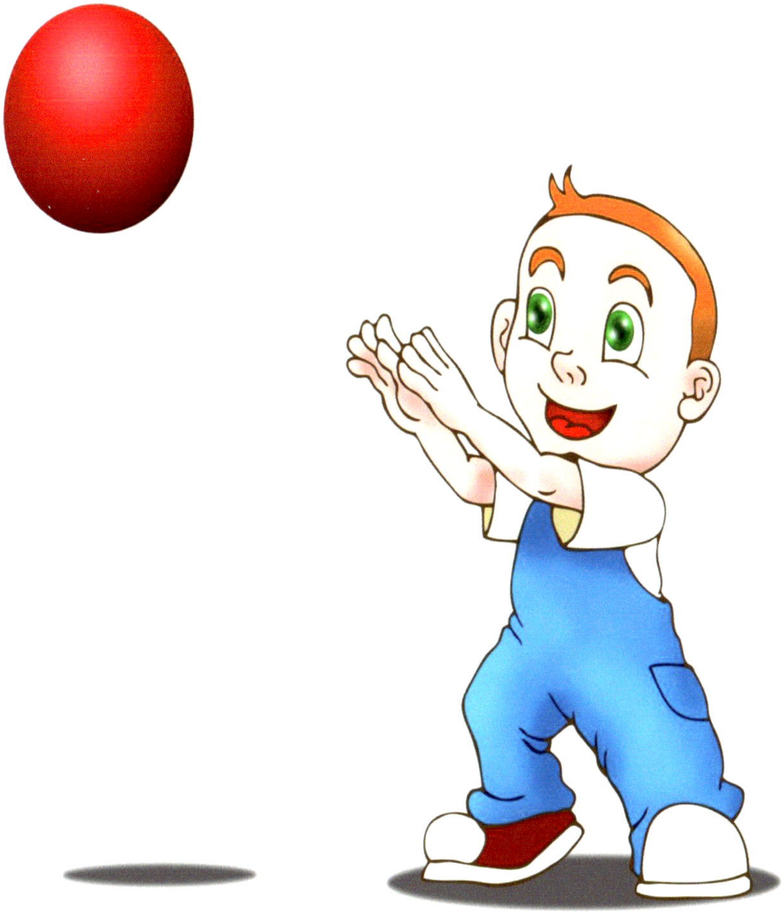

Der kleine Elch

„Huki, Huki, wo bist du denn wieder?“, ruft Mama Elch, „immer wenn es Abend wird, muss ich dich suchen, du kleiner Schlingel, es ist doch Zeit, schlafen zu gehen!“
Huki hört seine Mutter wohl, aber er hat noch keine Lust, sich hinzulegen. Die anderen Elchkinder tollen auch noch herum und wälzen sich im Schnee, kugeln übereinander, strecken ihre kleinen Beine begeistert in die Höhe und blinzeln in die untergehende Sonne.
Sie fühlen sich wohl in der Herde zwischen all den großen Tieren, die jetzt für die Nacht einen Ruheplatz gefunden haben.

„Hallo Huki“, hört Huki plötzlich eine männliche Stimme neben sich, „hast du deine Mama nicht rufen hören? Ich glaube, es ist Zeit für dich, zu ihr zu gehen. Wenn es richtig dunkel ist, wirst du sie nicht mehr so leicht finden können auf dem großen Lagerplatz, und du kannst in ein Eisloch fallen oder im tiefen Schnee stecken bleiben. Also, nun mal hopp!“

Wenn der Herdenpapa das meint, überlegt Huki, dann gehe ich eben, er hat ja Recht.
Aber morgen, morgen spiele ich weiter mit den anderen! Und schon hüpft Huki über den von vielen Hufen zertrampelten Schnee davon. Die Mama freut sich, ihn zu sehen, sie kuscheln miteinander und bald

schläft Huki ein. Er träumt von weichem Schnee und strahlender Sonne und von Reni und Joki, seinen Spielgefährten.

Rosi

An einem schönen Frühlingstag kommt Rosi auf die Welt. Mama Schaf freut sich über das kleine weiße Lämmchen, das da vor ihr im Gras liegt. Sie leckt es trocken und stupst es ein wenig an, damit es versuchen soll, sich auf seine zarten Beinchen zu stellen.

Das dauert etwas länger, weil alles wackelt und schaukelt und vier Beinchen erst lernen müssen, sich zu strecken, nicht mehr einzuknicken und neben- und hintereinander stehen zu bleiben.

Mama Schaf ist ganz stolz, als Rosi es endlich geschafft hat und erste kleine Schritte wagt. Zur Stärkung und Belohnung gibt es dann erst einmal eine große Portion Milch. Rosi hat die Quelle schnell gefunden.

Dann braucht Rosi ein Mittagsschläfchen. Herumlaufen und Trinken sind anstrengend. Im weichen Gras, nahe bei der Mama, wärmt die Nachmittagssonne das Fell, und das tut gut. Eine Fliege setzt sich auf Rosis Nase, das kitzelt und Rosi muss niesen. Die Fliege erschrickt und fliegt weg. Aber sie kommt wieder und versucht es ein zweites Mal. Doch in diesem Augenblick schüttelt Rosi das kleine Köpfchen und steckt das Näschen zwischen die

Vorderpfoten. Dahin kommt die Fliege nicht, also muss sie sich ein anderes warmes Plätzchen suchen.

Bald bekommt Rosi wieder Lust aufzustehen und herumzulaufen. Das geht inzwischen schon ganz gut und die Mama lobt: „Prima, Rosi, das machst du schon sehr gut, nur weiter so!“ Rosi hüpft stolz davon. Es ist wunderschön, zu laufen und zu springen und Käfern oder Bienen oder Schmetterlingen hinterherzujagen.

Am ersten Abend ist Rosi, das weiße Lämmchen, so müde, dass es beim Trinken einschläft.

Im Hühnerhof

„Gack, gack, gack, kikeriki, kikeriki, gack, gack, kikeriki“, so tönt es am frühen Morgen aus vielen Kehlen, wenn die Bäuerin in den Hühnerhof kommt und die Körner ausstreut. Alle drängen sich um die Futterstelle, um sehr schnell möglichst viel zu ergattern. Dann wird es fast still, man sieht nur noch nickende, pickende Köpfe. Doch ab und zu geht ein heftiges Spektakel los, wenn zwei Hühner sich um die besten Körner streiten.

Wenn nichts mehr **auf** dem Boden liegt, fangen die Hühner an zu scharren mit ihren Fußkrallen, denn **im** weichen Boden unter dem Gras gibt es Regenwürmer, und diese sind nicht weniger beliebt zum Frühstück als die trockenen Körner.

Ab und zu verschwindet ein Huhn im Hühnerstall und kommt kurze Zeit später wieder laut gackernd heraus: Es hat ein Ei ins Nest gelegt, und das muss nun der ganzen Hühnerschar verkündet werden.

Der stolze Hahn im bunten Gefieder mit langen Schwanzfedern und hochrotem Kamm bewacht seine Hennen und schützt sie vor Eindringlingen. Langsam schreitet er über den Hof.
„Guten Morgen, Friederike, gut geschlafen?“ -
„Hallo Helene, wie geht’s deiner verletzten Kralle?“ -

„Oh Hildegard, wie schön dich wieder frisch und fröhlich gackern zu sehen!“

Als wieder zwei Hühner anfangen zu streiten, mischt er sich ein:
„Aber, aber, Adelgunde und Theodora, es ist doch Platz genug zum Scharren für alle!“
Nichts entgeht dem Hahn, und wenn er wieder einmal zeigen will, wie wichtig er ist, lässt er sein schönstes Kikeriki hören und plustert sich dabei mächtig auf.

Erst am Abend werden das Gegacker und das Krähen immer leiser und verstummen bald ganz, wenn alle auf der Stange im Hühnerhaus ein warmes Plätzchen für die Nacht gefunden haben.

Hasenmärchen

Die Häsin hockt auf der Wiese und zeigt ihren beiden Kindern Nasi und Hedi, wie man Gras, Kleeblätter und Löwenzahn rupft. Der Löwenzahn schmeckt nicht nur am besten, er hat auch wunderschöne gelbe Blüten, von denen manche schon ihre verwelkten Blütenblätter verloren haben. Dafür haben die bräunlichen Samen, die in der Mitte der Blüte wie in einem Körbchen gewachsen sind, weißliche durchsichtige Schirmchen bekommen. Stößt man an den Stängel, fliegt die ganze Pracht in die Höhe und lässt sich vom Wind irgendwohin treiben. Nasi und Hedi machen sich einen Riesenspaß daraus, solche reifen Samen auf die große Reise zu schicken.
„Hallo, ihr beiden“, mahnt die Häsin immer wieder, „lauft nicht zu weit weg vom Bau, das kann gefährlich werden.“
„Ach Mama, wir passen schon auf, und die Löwenzahnsamen fliegen doch so schön.“

Mama Hase hat wie immer, wenn sie draußen ist, ein Auge auf ihre Umgebung, denn Füchse und Raubvögel mögen kleine Häschen sehr.

Plötzlich entdeckt die Hasenmama am grauen Himmel einen dunklen Fleck, der sich schnell fortbewegt. Bald erkennt sie auch Flügel, und das bedeutet Gefahr.

„Nasi, Hedi, schnell, schnell, her zu mir und in den Bau!“, ruft sie aufgeregt, „wo bleibt ihr denn?“
Nasi und Hedi wissen, wenn die Mama so ruft, hilft nur noch sich verstecken und in Deckung gehen oder blitzschnell im Bau verschwinden. Sie schaffen es bis zum Bau und sind im Nu in Sicherheit. Leider können sie in der Eile den leckeren Klee und die Löwenzahnblätter nicht mitnehmen. Aber es geht ihnen gut.

Bald danach traut sich die Häsin wieder ganz vorsichtig alleine hinaus ins Freie, wagt sich in einen nahen Garten, stibitzt ein paar Salatblätter und bringt sie Nasi und Hedi in den Bau unter der Erde. Dort stört niemand, sie können in aller Ruhe ihr Abendessen mümmeln und sich dann mit gefülltem Magen schlafen legen. Nasi und Hedi träumen von fliegenden Löwenzahnsamen mit weißen Schirmchen.

Grunzi

Im Schweinestall gibt es seit einer Woche acht kleine Ferkel, die alle quicklebendig und munter sind. Einmal am Tag darf die ganze Familie zum Suhlen und Wühlen im Schlamm nach draußen auf eine umzäunte Wiese. Dann wird gequiekt und gegrunzt und geschubst und gedrängelt, die Kleinen können es kaum erwarten, an die frische Luft zu kommen und ihren Spaß zu haben. Aufmerksam gewordene Zuschauer wie die Kühe in der nahen Weide stören nicht. Die kleinen Ferkel rennen über die Wiese, stoßen sich am Bretterzaun, stapfen durch den Morast, durch lehmige Pfützen und aufgeweichte Grashügel. Sie stecken überall ihre Näschen hinein, wälzen sich hier und da in der braunen Sauce und bei einigen ist die rosafarbene Haut inzwischen braun-schwarz geworden. Selbst das Ringelschwänzchen sieht aus wie schwarz und braun getupft.

Wenn die Mama sich hinlegt und die Milchbar eröffnet, strömen alle herbei, klettern und purzeln auch übereinander her, wenn es sein muss. Jedes will zuerst eine Zitze erwischen – nur Grunzi nicht.

„Komm Grunzi, es gibt Abendessen!“, ruft die Mama. Grunzi wendet sich ab, er hat keine Lust, er mag das Gedränge und die Enge nicht.

„Jetzt komm schon, sei nicht so zickig, später gibt es nichts mehr!“
Grunzi legt seine kleine Stirn in Falten und überlegt, ob seine Geschwister ihm wohl alle Milch wegtrinken könnten. Und er kommt zu dem Ergebnis: Nein, die Mama hat einen Reservetank! Und er läuft wieder am Zaun entlang, genießt ein Schlammbad, endlich ist Ruhe hier draußen.

Als die Mama sich erhebt und mit sieben Kindern in den Stall zurückgeht, ist es dort bereits dunkel. Auch draußen ist es nicht mehr hell wie am Nachmittag, und er beginnt, sich so alleine nicht mehr ganz wohl zu fühlen. Seine lärmenden Geschwister fehlen ihm, muss er sich eingestehen.
„Rrrufff, rrrufff“, brummt er vor sich hin, „soll ich doch hineingehen?“
Außerdem ist es draußen inzwischen kalt geworden und drinnen wäre es wärmer…
Hungrig, ein wenig frierend, allein, so trottet er schließlich in den großen Schweinestall, wo er mit lautem Gequieke empfangen wird – und sich seltsamerweise wieder wohlfühlt.

Hopsi, das Fohlen mit den dunkelbraunen Augen

Die Sonne scheint. Auf der Weide ist es wohlig warm, der Wind ist kaum spürbar, es ist ein schöner Sommertag. Im Gras krabbeln Käfer, Schmetterlinge torkeln durch die Luft und suchen nach Blüten. Es gibt ganz viele davon, große und kleine.

Mama Pferd ist hungrig und rupft eifrig Gras, kaut es und schluckt es hinunter, wo es sich in Milch verwandeln kann für Hopsi.

Hopsi ist erst drei Tage alt, aber immer durstig und kann kaum genug bekommen. Zwischen den Mahlzeiten springt und hüpft und tollt es wie wild herum und verbraucht so viel Kraft. Deshalb nennen es auch alle Hopsi.

Auch nach vielen Stunden, wenn die Sonne langsam untergeht, scheint es nicht müde zu sein.
Wenn die Mama in Richtung Pferdestall gehen will, stellt sich Hopsi vor sie hin und bettelt um Verlängerung:
„Ach Mama, ich bin noch gar nicht müde, hier draußen ist es viel schöner und außerdem ist es im Stall so eng und hier habe ich so viel Platz!“
Wenn Hopsi die Mama so bittend mit seinen dunkelbraunen Augen ansieht, schmilzt sie dahin, lässt Hopsi noch eine kurze Zeit auf der Weide spielen

und erfreut sich an seinen Luftsprüngen. Gerät Hopsi dabei zu nahe an den Drahtzaun, wiehert sie laut. Diese Warnung versteht Hopsi schon.

Eine Katze schleicht durch das hohe Gras und Hopsi glaubt, noch einen späten, wenn auch sehr kleinen Spielgefährten gefunden zu haben. Als Hopsi sich ihr nähern will, erschrickt die Katze, faucht einmal kräftig und verschwindet unter dem Drahtzaun auf den angrenzenden Acker. „Dummes Tier", schüttelt Hopsi seinen Kopf, dass die Mähne fliegt, „du bist nicht nur klein, sondern auch sehr komisch und machst grässliche Geräusche, mit dir ist nichts anzufangen." Enttäuscht wendet sich Hopsi ab.

Aber auch für ein munteres Fohlen wie Hopsi endet ein Tag. Und wenn die Bäume ganz lange Schatten werfen, ist auch Hopsi froh, wenn es seine Beine neben Mama auf dem Stroh ausbreiten und dann an ihren dicken Bauch gekuschelt schlafen kann.

Ein Hundeleben

Tante Berta geht mit Filou spazieren. Filou ist schwarz mit weiß-braunen Flecken an Hals, Brust und an den Beinen.
Filou zerrt gerne an der Leine, aber Tante Berta lässt nicht locker, sie möchte ihren Liebling nicht verlieren und schützt ihn, wo sie kann. Wenn Filou einmal anfängt zu bellen, wird sie ganz nervös.

Eines Tages lässt sie die Haustüre kurz offen stehen und geht zum Mülleimer. Das ist Filous Chance! Lautlos verschwindet er und rennt bereits auf den nahen Wald zu, als Tante Berta sein Fortlaufen bemerkt.
„O Gott“, jammert sie, „hoffentlich finde ich ihn heil wieder, wie konnte ich vergessen, die Türe zu schließen!“
Traurig eilt sie aus dem Haus und Filou hinterher in der Hoffnung, ihn auf bekannten Wegen zu entdecken.

„Filou, Filou!“, ruft sie immer wieder, aber kein bekanntes, freudiges WAU-WAU antwortet ihr. „Filou, wo bist du denn?“ Tränen laufen ihr über die Wangen und Angst steigt auf, Sorge um ihren Filou, denn es wird allmählich dunkel.

Da sieht sie in der Ferne einen Herrn mit zwei Hunden, die miteinander spielen, auf sich zukommen. Noch kann sie nichts Genaues erkennen, aber auf einmal stoppt einer der Hunde das Spiel und kommt auf sie zugerannt – und siehe da: Es ist Filou! Glücklich umarmt sie ihn, krault ihm das Fell und vergisst ganz mit ihm zu schimpfen.

Zu Hause bekommt Filou sogar sein Lieblingsfutter und darf sich dann auf seine Kuscheldecke, dicht bei Tante Berta, zum Schlafen legen.

Die Entenfamilie

Mama Ente watschelt über die Wiese und schnattert so vor sich hin. Ihre sechs Küken trippeln hinterher. Nur Egi trödelt etwas und findet den Marienkäfer viel interessanter, der gerade versucht, einen schwankenden Grashalm hinaufzuklettern.

„Schnatt, schnatt“, schimpft Mama Ente laut, als Egi stehen bleibt. „Schnatt, schnatt, beeile dich, wir müssen noch über die große gefährliche Straße. Es ist bald dunkel, dann sehen uns die Autofahrer nicht mehr rechtzeitig! Schnatt, schnatt, auf geht’s!“

Die fünf Geschwister versuchen es der Mama nachzumachen mit ihren piepsigen Stimmchen: „Piep, piep, piep, Egi, komm, piep, piep, piep, komm und beeile dich ein bisschen, wir wollen ins Nest, piep, piep, piep!“

Egi hat seine Geschwister und natürlich seine Mama gern und verzichtet schließlich darauf, auch noch dem Schmetterling zuzusehen, der sich soeben auf ein Gänseblümchen gesetzt hat und seine wunderschönen bunten Flügel hin und her bewegt. Brav folgt er den anderen und erreicht mit ihnen den Straßenrand. Ein Autofahrer hält quietschend an, als er die Entenfamilie im Scheinwerferlicht erkennt und lässt sie die gefährliche Straße überqueren.

Nun sind es nur noch wenige Schritte bis zum kuscheligen Nest am dichten Schilf. Mama Ente stapft hinein, breitet ihre Flügel aus und alle sechs Küken finden darunter Platz, Schutz und Wärme für eine gute Nacht.

Annes Welt

Anne liebt Bücher. Sie hat sogar schon ein eigenes Fach im großen Bücherregal der Eltern. Und darin stehen lauter schöne Kinderbücher mit vielen bunten Bildern, kleine und große, dicke und dünne.

Heute möchte Anne als erstes das Buch mit den Tierkindern ansehen und nimmt es so vorsichtig wie möglich aus ihrem Regalfach. Sie weiß schon aus Erfahrung, wenn sie zu schnell zieht, fallen alle Bücher um, es macht plumps und sie purzeln heraus auf den Boden.
Heute hat sie Pech, ein paar Bücher standen schief und ihre ganze Bücherherrlichkeit kommt ihr entgegen. Da liegen sie nun, zu dumm! Den ganzen Haufen kann Anne noch nicht auf einmal zurückschieben, sie hat es ausprobiert, er ist zu schwer. Außerdem rutschen die Bücher immer wieder weg.

Einen Augenblick steht sie ratlos da, dann hat sie eine Idee. Man könnte die Bücher anders ordnen, so dass sie nicht mehr umfallen. Sie läuft in die Küche und zieht am Griff der unteren Schublade eines Küchenschrankes. Anne ist schon so stark, dass sie die Schublade herausziehen kann. Und was findet sie darin: Genau das, was sie sucht: lauter Plastikgefäße, große, kleine, flache, tiefe, in allen möglichen Farben.

Jetzt muss erst einmal ausgeräumt werden. Polternd landet alles auf dem Küchenboden, der bald nicht mehr begehbar ist. Aber schließlich findet Anne eine große, rote, viereckige Schüssel, die ihr gefällt.

Soll sie nun die anderen Teile gleich wieder in die Schublade zurücklegen? Ach, später vielleicht, jetzt ist allein die rote Schüssel wichtig! Es reicht, die Schublade zu schließen und den Weg ins Wohnzimmer etwas freizumachen. Sie fasst den oberen Rand der Schublade mit ihren beiden Händchen und drückt heftig. Da passiert es: Die Schublade will zuschnappen, aber die Händchen sind noch dazwischen! „Au, Au! Mama, Mama! Tut das weh!“ Ein schriller Schrei ruft die Mama herbei, die Anne sogleich befreit und tröstet. Über Annes Finger laufen feine rote Streifen. Aber sie kann die Finger bewegen, sie hat noch einmal Glück gehabt. Und die Mama streichelt die Händchen, bis der Schmerz nachlässt und die Tränen getrocknet sind.

Dann will Anne wieder ins Wohnzimmer. Sie nimmt die rote Schüssel, stellt sie neben den Bücherberg und beginnt, Buch für Buch hineinzulegen, neben- oder aufeinander, wie es passt. Die Mama sieht staunend zu. Als alles verstaut ist, möchte Anne auf Mamas Schoß und mit ihr das Buch „lesen“. Der Vorfall in der Küche ist vergessen und Anne ist wieder glücklich in ihrer Welt!

Am Abend macht die Mama sich daran, Annes Bücher gruppenweise geordnet wieder in das Regal zurückzulegen oder zu stellen. Sie möchte, dass nicht immer gleich alle umfallen, wenn Anne eines herausnimmt. Mal sehen, wie Anne darauf am nächsten Morgen reagieren wird!

Der Giraffenbaum

Käfer Koki krabbelt auf dem harten holprigen Erdboden herum und möchte gerne wieder in die Höhe kommen. Doch er ist etwas flügellahm, weil er seinen rechten Flügel im Spinnennetz verloren hat.

Da stellt sich ihm ein Baum vor die Fühler. Er erschrickt ein wenig, hatte er nicht aufgepasst? Außerdem ist dieser Baum nur unten glatt, darüber aber seltsam haarig. „Nanu, wo kommt denn der komische Stamm so plötzlich her?“, überlegt Koki. Aber egal, Hauptsache, es geht wieder aufwärts. Und er versucht gleich, mit seinen dünnen Beinchen Halt zu finden. Eine raue Rinde wäre ihm angenehmer, aber wenn man keine Wahl hat: also auf geht's!

Er krabbelt und krabbelt mühsam durch das kurze, an manchen Stellen etwas struppige Fell und wundert sich immer wieder über merkwürdige Zuckungen, die durch diesen Baumstamm gehen. Machen Bäume so etwas immer? Er kann sich nicht erinnern.

Der Weg nach oben ist lang und strengt an, nirgendwo findet Koki Gefährten oder Nahrung, er fragt sich, wo er eigentlich ist. Als er in fast unüberwindbares, dichtes Haargestrüpp kommt, glaubt er schon, am Ende zu sein. Aber hier will er nicht bleiben, hier gefällt es ihm gar nicht, und er ruht sich nur ein wenig aus.

Endlich geht es nicht mehr weiter, er ist oben angekommen, nur: Warum werden die Bewegungen des Baumes immer heftiger? Es stürmt doch gar nicht! Koki muss sich gut festkrallen, damit er nicht herunterpurzelt und sucht nach einem schützenden Blatt.

Die Giraffe kaut und schluckt und rupft ruckartig Blätter von den Bäumen und kaut und schluckt und rupft wieder. Sie ahnt nichts von einem kleinen Käfer, der sich auf ihren Kopf verirrt hat.

Als Koki dann glaubt, ein schützendes Dach entdeckt zu haben und in die daneben liegende Höhle hineinkriecht, wird er gerüttelt und geschüttelt, so dass er jeden Halt verliert. Und ehe er sich versieht, fliegt er durch die Luft und landet wieder auf dem Boden.

Giraffen mögen es nicht, wenn jemand sie im Ohr kitzelt!

Zebrastreifen

Kleine Zebras sind schon gestreift, wenn sie auf die Welt kommen: schwarz-weiß. Trotzdem ist kein Zebrakind wie das andere, die Zebramamas erkennen ihr Kind stets sofort.

Busi ist eines der neugierigsten. Wenn sich im Gras etwas bewegt, schnuppert und scharrt Busi so lange herum, bis der Käfer oder die Maus oder die kleine Schlange verschwunden sind. Fliegen Vögel über die Herde, schaut es in die Höhe und ihnen nach, bis sie nicht mehr zu sehen sind. Hört es Löwen brüllen, sucht es schleunigst seine Mama, und das ist gut so!

Eines Tages, als die Herde wieder einmal durch die Grassteppe zieht, entdeckt Busi unter einem knorrigen alten Baum zwei einsame goldbraune Löwenkinder. Sie sehen so niedlich aus, wie sie miteinander herumbalgen. Vorsichtig geht Busi auf sie zu und will mitspielen. Das scheint den kleinen Löwenkindern aber nicht zu passen.

Sofort reißt eines das kleine Mäulchen auf und faucht Busi an:
„Was bist du denn für ein komisches Tier? Hat für dein Fell die weiße oder die schwarze Farbe nicht gereicht? Und dann so lange Beine, unsere sind

kürzer, aber viel kräftiger! Warte nur, wenn wir groß sind!“
Das klingt nicht sehr freundlich, findet Busi und sagt: „Ihr seid aber noch nicht groß, und deshalb habe ich auch keine Angst vor euch. Da könnt ihr noch so wild fauchen! Und überhaupt: Ihr seid ja nur neidisch auf mein schönes gestreiftes Fell, gelbbraun sind viele!“
Busi dreht sich um und geht.

Die Löwenkinder springen auf und folgen Busi ein paar Schritte. Da beginnt Busi zu rennen, so schnell es geht, und ist froh, als die großen Zebras ihr Zebrakind wieder schützend aufnehmen.

Elefantenart

Der große, dicke, alte Elefant trompetet so laut, dass es die Tiere hinter dem Berg noch hören können. Er wartet darauf, dass sich alle großen und kleinen Elefanten seiner Herde versammeln und auf die lange Reise gehen können. Dahin, wo es wieder grünes Gras und genug Wasser gibt.

Endlich sind alle da, die Kleineren kauen an ihrem letzten Grünzeug, das noch an Bäumen und Sträuchern zu finden war. Das Wasserloch ist ausgetrocknet.
Goran geht voran, er kennt den Weg, denn er ist ihn schon oft mit seinen Eltern gelaufen, und die wiederum mit ihren Eltern …

Damit keiner zurückbleibt, sollen alle mit ihren langen Rüsseln den Schwanz des Vordermannes umkringeln. Und so bilden sie gemeinsam eine lange Elefanten-Schlange, die sich langsam vorwärts bewegt. Das sieht lustig aus!

Bori ist zwar schon ein Jahr alt, aber er rutscht mit seinem Rüssel immer ab, wenn er den Schwanz des Vordermannes festhalten will. Der dickere Schwanz lässt sich einfach nicht packen mit dem viel dünneren Rüssel! Endlich hat Bori genug, er tritt aus der Reihe,

wartet, bis seine Mama herangekommen ist und läuft dann neben ihr her.
Kaum haben die anderen jungen Elefanten das gesehen, machen sie es Bori nach. Überall entstehen Lücken in der Reihe. Als Goran merkt, dass sein Hintermann ihn nicht mehr hält, bleibt er stehen, dreht sich um, sieht die aufgelöste Reihe und trompetet laut. Es klingt ein bisschen böse.

Da stürmen die jungen Elefanten auf ihn zu: „Goran, Goran, wir können uns nicht festhalten, unsere Rüssel sind noch zu schwach und die Schwänzchen sind so klein und so kurz und so glatt! Aber wir können neben unseren Müttern herlaufen, und die passen schon auf, dass wir nicht verloren gehen, und dann können wir auch kein Schwänzchen abreißen, wenn wir zu fest ziehen!“

Goran ist stolz auf seine mutige Kinderschar und er sieht ein, dass sie Recht haben.
„Einverstanden!“, trompetet er laut und verkündet allen, dass sie ihre Wanderung nach einer kleinen Ruhepause, wie von den Jungen vorgeschlagen, fortsetzen.

Affentheater

Es wird Abend und die große Affenfamilie ist auf Futtersuche. Die Erwachsenen und die Jungen springen und klettern durch die Gipfel der hohen Urwaldbäume, rutschen gelegentlich nach unten ins dichte Gestrüpp. Nur die ganz Kleinen klammern sich an Mamas oder Papas Bauch oder Rücken fest und lassen sich tragen.

Mit Gekreische und Gezeter und Gezänk geht es voran. Wenn der Anführer Essbares gefunden hat, ruft er alle herbei und die Affen beeilen sich. Dabei stößt man aneinander und das Geschnatter wird erst recht laut.

Rocki ist schlauer und schneller als die anderen. Er jagt nicht hinter dem Anführer her durch die Bäume, sondern springt vorneweg. Findet er eine Bananenstaude, versteckt er sich blitzschnell unter den großen Blättern, lässt es sich gut schmecken, und meldet dann erst seine Entdeckung dem Anführer. Dieser hat bis jetzt Rockis Trick nicht bemerkt.

Als aber Bocki es Rocki nachmachen will und ihm folgt, versucht Rocki ihn zu vertreiben und bewirft ihn mit Bananenschalen und kleinen Ästen. Das findet Bocki unfair und verpetzt Rocki beim Anführer.

Der runzelt gleich seine faltige Stirn und überlegt, was er mit Rocki machen könnte. Aber Kecki, der Anführer, ist nicht dumm, und noch während er überlegt, hat er, wie er meint, den idealen Einfall. Es wäre doch gut und nützlich für die ganze Großfamilie, wenn er und Rocki vorlaufen und auskundschaften würden, wo es Essbares gibt: Rocki ist schnell, geschickt und schlau!

Also ruft er ihn zu sich, versammelt alle Affen um sich herum, und statt, wie nun alle erwarten, Rocki zu ermahnen, ernennt er Rocki zum anerkannten Futtersucher – und Bocki zu seinem Helfer.

„Kecki, da hast du eine kluge Entscheidung getroffen!“, rufen alle begeistert und verteilen sich dann allmählich auf ihre Schlafplätze.

Sali und Saki

Der kleine Sali gähnt, er ist müde, sehr müde, und es ist heiß: kein Baum, kein Strauch. Nichts spendet Schatten, es gibt nur heißen Sand und jede Menge Steine.
„Sali, schlaf nicht im Gehen ein!“, mahnt die Löwenmama, „Saki läuft brav neben mir her und du trödelst weit hinterher!“
„Wie weit müssen wir denn noch?“, fragt Sali zurück, „meine Beine tun schon weh und außerdem pickt mich etwas in der Tatze!“
„Es dauert noch etwas, aber wo die Sandwüste aufhört, gibt es hohe Bäume, unter denen kannst du im weichen Gras ausruhen.“
„Ich kann aber nicht mehr so weit laufen!“
„Willst du dich denn hier unter die brennende Sonne legen und dir einen Sonnenstich holen? Komm nur, du schaffst das schon, Saki schafft das auch!“
„Ich bin aber nicht Saki“, erwidert Sali trotzig, „und ich schaffe das nur, wenn du meine Tatze heil machst, sonst bleibe ich hier!“
Die Löwin wendet sich Sali zu: „Dann lass mal sehen, du kleiner Quengelgeist!“

Sali hebt seine rechte Vordertatze und siehe da, es steckt tatsächlich ein Dorn darin. Vorsichtig zieht die Löwin ihn heraus, Sali zuckt ein wenig. Dann setzt er, noch etwas unsicher, seine Tatze auf den heißen Sand

und außer der unangenehmen Hitze spürt er keinen Schmerz mehr.
„Alles ok?“
„Jaja, danke, es geht wieder. Aber jetzt habe ich Durst!“
„Dagegen kann ich nichts machen, bis zum nächsten Wasserloch musst du schon selber laufen.“
„Hätte ich mir denken können“, brummelt Sali vor sich hin.

Saki, der seinen Bruder etwas aufheitern will, versucht es mit Spielen, aber unerwartet verspürt er eine krallige Tatze auf der Nase.
„Tritt mir nicht auf meine wunde Tatze, du Tollpatsch!“
„Oh, entschuldige, du gehörst wohl heute zu den ‚Rühr-mich-nicht-an'!“, ruft sein Bruder und geht.

Sali trottet wieder allein und lustlos hinterher, und nur wenn er sich vorstellt, wie gut Wasser schmeckt, leuchten seine Augen und er leckt seine Lippen – und keiner ahnt warum.

Bärenhunger

Die beiden Bärenkinder Brummi und Pranki spielen im Wald Verstecken. Im dichten Unterholz ist ihr brauner Pelz kaum zu erkennen. Das macht die Sache spannend. Brummi legt sich gerne flach auf den Boden hinter hohe Grasbüschel. Wenn dann Pranki suchend vorbeitappt, springt er ihn an, Pranki erschrickt und will sich wehren, und schon ist die tollste Balgerei im Gange. Sie können kaum genug davon bekommen.

Im Herbst, wenn die letzten roten und blauen Beeren verlockend an den Sträuchern leuchten, raufen sie gerne um die besten Früchte und finden es sehr lustig, wenn der Wind ihnen dabei auch noch die herunterschwebenden gelben, braunen, roten und goldbraunen Blätter um die Nase wirbelt. Der bunte Blätterteppich auf dem Waldboden eignet sich hervorragend, um sich darin zu wälzen.

Eines Tages entdeckt Brummi mitten im Wald ein Bienennest. „Mmmhmmm“, murmelt er leise vor sich hin und leckt sich schon die Lippen und zeigt dem erstaunten Pranki den Grund für seine Zungenbewegung. Pranki versteht sofort und merkt gleich, wie ihm das Wasser im Munde zusammenläuft. Bären naschen gerne Süßes, und deshalb ist klar: Wir holen uns die Honigwaben! Die

Bienen bemerken die heranschleichenden Bären und versuchen sie zu vertreiben, aber ihre Stachel reichen nicht durch den buschigen dicken Pelz bis auf die Bärenhaut. Und so verschwinden ihre gefüllten Waben in den hungrigen Bärenmäulern.

Der Bienenschwarm beruhigt sich wieder, nur Susa gibt nicht auf. Sie surrt immer noch wütend um die Köpfe der kleinen Bären herum und sucht eine passende Stelle für ihren Stachel. Die Bären schmatzen und lassen es sich gut gehen und achten nicht auf Susa. Als Brummi schließlich seine Zunge herausstreckt und die Lippen abschleckt, stößt Susa zu und sticht, so heftig sie kann. Brummi jault auf, aber das hilft nicht mehr, er hat auf jeden Fall für die nächsten Tage eine geschwollene Zunge im Maul.

Die Vogeltränke

Eine munter zirpende Spatzenschar huscht durch Bäume und Sträucher oder trippelt über die frisch geharkte Gartenerde auf der Suche nach Futter. Es geht alles sehr schnell, die Köpfchen bewegen sich unaufhörlich nach oben oder nach unten oder nach rechts oder nach links, nichts entgeht ihnen. Einige ziehen es vor, zuerst ein Sonnenbad im leicht ausgehöhlten warmen und trockenen Erdboden zu nehmen. Die kleinen Kuhlen haben Spatzengröße, und darin lässt es sich herrlich räkeln und das Gefieder pudern, so dass es nur so staubt.

Schließlich treffen sich alle an der kleinen runden Vogeltränke. Staub und Futtersuche machen durstig und der Dreck muss auch wieder aus den Federn.

Jens schaut durch die Fensterscheibe dem Gerangel um einen Badeplatz zu und amüsiert sich köstlich. Vier Spatzen können zwar in der Tränke stehen, aber wenn alle vier gleichzeitig so richtig baden wollen, also sich drehen oder setzen, das Köpfchen und die Flügel ins Wasser tunken und die nassen Flügel ausbreiten wollen, dann reicht der Platz nicht. Höchstens zwei können gleichzeitig ausgiebig plantschen, so dass das Wasser auf die Pflastersteine spritzt.

„So sollte ich mal oben herumspritzen, wenn ich in der Badewanne sitze, oweia!“, murmelt Jens leise vor sich hin. Da ein Spatzenbad nur wenige Sekunden dauert, wirkt das andauernde Hinein- und Heraushüpfen wie ein wildes Durcheinander und am Ende bleibt nur noch eine bräunlich aussehende Dreckbrühe übrig.

Doch bevor alle Spatzen ausreichend getrunken und gebadet haben, kommt eine Amsel hinzu. Sie hat Durst und auch Lust auf ein Bad und versucht sich gleich mit Schnabelhieben Platz zu verschaffen. Aber das lassen sich die kleineren Spatzen nicht gefallen. Von allen Seiten picken und hacken sie auf die Amsel ein, und Jens ruft ganz aufgeregt:
„Mama, jetzt verhauen die einen schwarzen großen Vogel, der sie alle verjagen wollte, komm schnell, das sieht vielleicht aus!“
Die Mutter eilt ans Fenster und staunt nicht wenig, als sie Spatzen und Amsel streiten und die Amsel schließlich wegfliegen sieht auf einen nahen Baum, wo sie laut trällernd wohl ihrem Ärger Luft macht. Die Spatzen flattern wie voller Schadenfreude herum, nehmen noch einen letzten Tropfen und verschwinden dann in den nächsten Garten.

Wenig später versucht die Amsel es ein zweites Mal. Jens ist gespannt, was jetzt geschieht. Sie stochert mit dem Schnabel in der Restbrühe herum und gibt den

Gedanken an ein Bad auf. Da wagt ein kleiner Spatz sich noch einmal auf den Tränkenrand. Das hätte er besser nicht getan, denn sofort stürzt die Amsel auf ihn zu und vertreibt ihn mit kräftigen Schnabelhieben, sie wirkt immer noch irgendwie verärgert.

„Ach Mama“, meint Jens nachdenklich, „ein Großer gegen einen Kleinen, da gewinnt immer der Große, aber“ – und da strahlt er wieder – „gemeinsam sind die Kleineren stärker!“.